READING JESUS LIGHT

1

리딩지저스 성경통독 라이트

1권 창세기-여호수아

2025년 10월 21일 초판 1쇄 발행

2025년 12월 1일 초판 2쇄 발행

펴낸곳 웨스트민스터프레스코리아

펴낸이 줄리어스 김

지은이 웨스트민스터프레스코리아 편집부

웨스트민스터프레스코리아

주소 서울시 강남구 테헤란로 33길 18, 628호

전화 02-2289-9081

이메일 readingjesus@wts.edu

ISBN 979-11-92860-10-7 04230

READING JESUS

리딩지저스 성경통독 라이트

그리스도 중심 성경읽기

1

창세기-여호수아

LIGHT

WPK

서문

'성경을 처음부터 끝까지 읽는 것', 많은 그리스도인이 마음속에 품고 있는 소망이자 과제입니다. 많은 교회에서 새해가 시작될 때마다 성경읽기표를 나누고 "올해는 성경을 일독합시다"라는 목표를 세우지만 실제 완독률은 그리 높지 않습니다. 성경 통독은 단순한 결심이나 습관으로는 지속하기 어려운 여정이기 때문입니다. 바쁜 일상, 이해하기 어려운 본문, 흐름을 따라가기 힘든 구조 등 여러 이유로 성경 통독은 여전히 많은 이들에게 힘든 도전으로 남아 있습니다.

하지만《리딩지저스》출간 이후, 이 여정이 조금 달라졌습니다. 많은 교회와 성도들이 성경을 처음부터 끝까지 읽는 것이 가능할 뿐 아니라 교회 공동체가 함께할 때 더 큰 유익이 있음을 경험하고 있습니다. 그동안 어렵게만 느껴졌던 성경 일독이 가능해진 것입니다. 창세기부터 요한계시록까지 성경을 순서대로 따라가며, 하나님께서 성경을 주신 목적과 의미를 되새기고, 성경의 큰 그림 안에서 예수 그리스도를 바라보는 여정, 이것이 그리스도 중심 성경 읽기《리딩지저스》의 핵심입니다.

예수님은 말씀하셨습니다. "너희가 성경에서 영생을 얻는 줄 생각하고 성경을 연구하거니와 이 성경이 곧 내게 대하여 증언하는 것이니라"(요한복음 5:39). "모세를 믿었더라면 또 나를 믿었으리니 이는 그가 내게 대하여 기록하였음이니라"(요한복음 5:46). 또한 부활하신 후 엠마오로 가던 제자들에게, 모세와 선지자의 글 전체가 자신에 관한 것임을 자세히 설명하셨고(누가복음 24:27), 또 다른 제자들과 함께하셨을 때는 그들의 마음을 열어 모세의 율법과 선지자와 시편, 즉 구약 전체가 자신을 가리킨다는 사실을 깨닫게 하셨습니다(누가복음 24:44-45).

《리딩지저스》는 예수님께서 친히 가르쳐 주신 방식으로 성경을 읽도록 돕습니다. 구약성경의 중심 메시지가 예수 그리스도이심을 발견하고, 성경 전체에 흐르는 그분의 복음을 만나도록 안내합니다.

《리딩지저스 성경통독 라이트》는 《리딩지저스》보다 더 쉽고 실용적인 통독 워크북을 바라는 요청을 반영해 만들어졌습니다. 주차별 영상, 통독 분량에 맞춘 오디오 바이블, 따라가기 쉬운 성경 읽기 안내, 소모임 나눔을 위한 장까지, 누구든 《리딩지저스 성경통독 라이트》와 함께 부담 없이 성경 통독을 시작하고 끝까지 함께 갈 수 있도록 구성했습니다. 그래서 성경 통독을 처음 시작하거나, 공동체와 함께 처음 말씀을 읽어 가려는 이들을 위해 쉽고 실용적으로 구성했습니다. 그러나 그리스도 중심 설교를 준비하는 목회자나 교회의 중직자, 평신도 리더들이라면, 이번 책보다 더 심화된 내용을 담고 있는《리딩지저스》를 함께 참고하시기를 권합니다. 성경 각 권에 담긴 복음의 메시지를 더 깊이 있게 다루며, 설교와 교육, 제자훈련 등의 실제 사역에 유익한 통찰을 제공합니다.

《리딩지저스 성경통독 라이트》와 함께 그리스도 중심으로 성경을 읽는다는 것은 단순한 지식이나 느낌을 넘어 예수님께 우리의 시선을 고정하는 경험입니다. 그분만이 우리 삶을 진정으로 변화시키신다는 복음의 능력을 날마다 새롭게 다시 입는 여정입니다. 그리고 이 여정은 혼자 걸을 때보다 교회가 함께할 때 더욱 풍성해집니다.《리딩지저스 성경통독 라이트》와 함께 주님의 말씀을 따라가는 이 길을 여러분이 같이 걸으면 좋겠습니다.

《리딩지저스》 소개

《리딩지저스》는 예수 그리스도 중심으로 성경 전체를 읽도록 안내하는 성경읽기 프로그램입니다. 미국 웨스트민스터 신학교의 성경신학 강의를 기반으로 독자적으로 개발된 이 프로그램은 교회와 성도들이 성경의 큰 흐름을 따라가며 바른 신학적 틀 안에서 복음을 발견하고 삶에 적용할 수 있도록 안내합니다. 다양한 자료들을 활용하여 온 교회가 함께 성경을 1년에 일독할 수 있도록 돕습니다.

성경을 처음부터 끝까지, 순서대로

《리딩지저스》는 창세기부터 요한계시록까지 성경 전체를 순서대로 읽도록 안내합니다. 복잡한 해설 없이 본문의 핵심을 간결하게 안내하며 매일 정해진 범위를 읽어 나가도록 구성되어 있습니다. 각 권마다 제공되는 성경 수업 일러스트 영상으로, 성경의 큰 흐름을 이해하고 신뢰할 수 있는 신학적 틀 안에서 말씀을 읽을 수 있도록 도와줍니다.

예수님 중심으로, 예배하는 마음으로

《리딩지저스》는 성경이 하나님의 감동으로 기록된 말씀이라는 신앙고백 위에 세워져 있습니다. 성경 전체를 통해 예수 그리스도의 복음을 발견하도록 인도하며, 그 복음의 능력은 우리를 하나님께 영광을 돌리도록 이끕니다. 이때 성경읽기는 단순한 독서가 아니라 하나님을 영화롭게 하는 예배가 됩니다. 말씀을 통해 예수님을 더 깊이 알고, 그분을 더욱 사랑하게 됩니다.

하루 30분, 보고 듣고 읽고

《리딩지저스》는 통독을 위한 다양한 자료를 제공합니다. 각 주의 성경 흐름을 정리한 영상뿐만 아니라, 본문 분량에 맞춘 오디오 성경을 함께 활용하면 하루 30분 안에 말씀을 보고, 듣고, 읽는 것이 가능해집니다. 모든 자료를 교재 안의 QR코드를 통해 쉽게 접근할 수 있어 누구나 부담 없이 시작할 수 있고, 꾸준히 지속할 수 있습니다.

온 교회를 위한 성경읽기

《리딩지저스》는 개인, 소모임, 전교인 공동체 모두가 사용할 수 있도록 구성되어 있습니다. 실제로 많은 교회에서 주일 설교와 연계한 전교인 성경 통독, 소그룹 양육, 제자훈련 교재로 활용하고 있으며, 말씀 중심의 교회를 세우는 데 유익한 도구로 사용하고 있습니다.

《리딩지저스》는 다음과 같이 여섯 권으로 나뉘어 있으며, 총 45주 안에 성경 전체를 일독할 수 있도록 구성되어 있습니다.

그리스도 중심으로 창세기부터 요한계시록까지

1권 창세기-여호수아(7주)

2권 사사기-에스더(8주)

3권 욥기-아가(7주)

4권 이사야-말라기(9주)

5권 마태복음-로마서(7주)

6권 고린도전서-요한계시록(7주)

《리딩지저스》는 성경 통독을 시작할 수 있도록 돕는 단순하지만 깊이 있는 도구입니다. 예수님과 동행하는 그리스도 중심 성경읽기를 제안합니다.

이 책의 활용법

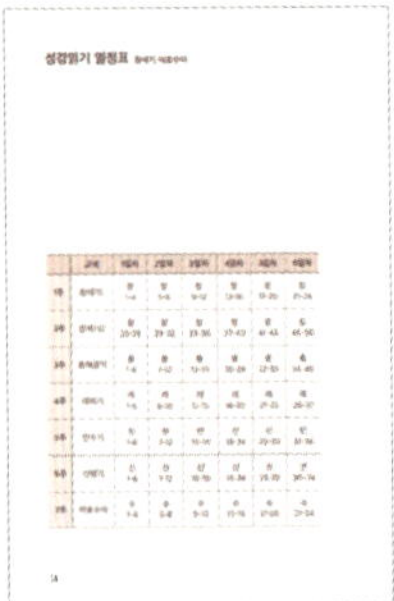

1. 성경읽기를 한눈에

14쪽에 있는 **성경읽기 일정표**를 열어 보세요. 《리딩지저스 성경통독 라이트》 1권을 따라서 "창세기-여호수아"를 7주간 통독하는 전체 과정을 볼 수 있습니다. 시작이 반이라는 말이 있죠. 여기서 마음을 다잡고 시작하는 거예요. 차근차근 따라가다 보면 45주간 창세기부터 요한계시록까지 1년에 일독하는 과정을 마칠 수 있습니다.

2. 영상으로 시작

각 장 맨 앞에는 **리딩지저스 영상**이 있습니다. 이번 주에 읽을 성경의 줄거리와 신학 주제를 알려 주고, 그리스도 중심이라는 큰 그림 안에서 성경을 이해하도록 돕습니다. 휴대폰으로 QR 코드를 찍으면 바로 영상으로 연결할 수 있어요.

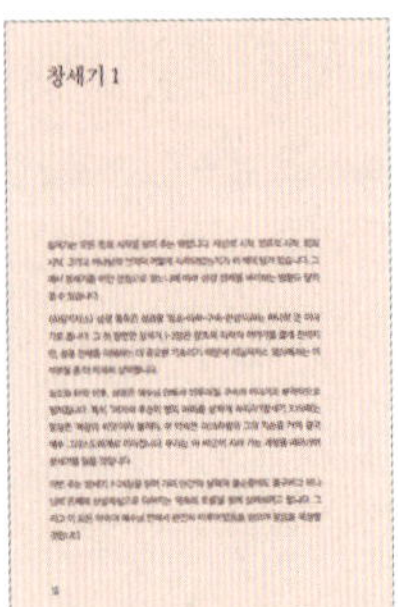

3. 이번 주 성경 개관

자, 이제 시작입니다. 한 주간 읽을 성경의 **전체 구조와 흐름**을 한눈에 볼 수 있어요. 성경 내용이 다소 길게 느껴질 때도 여기서 준비운동만 잘하면 길을 잃지 않고 완주할 수 있어요.

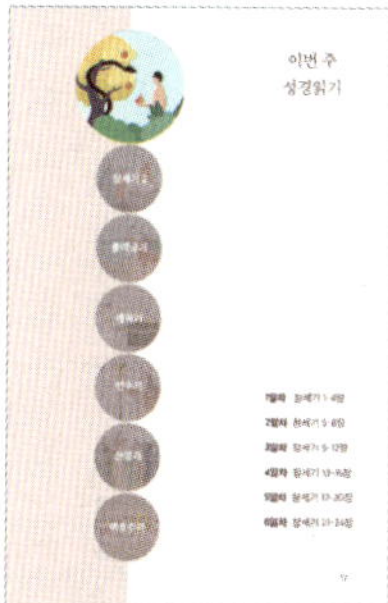

4. 통독 과정 확인

통독하다 보면 어디쯤 읽고 있는지, 얼마나 읽어야 하는지를 잊고 무작정 읽을 때가 많습니다. **이번 주 성경읽기**는 성경 전체 내용 중 어디쯤 읽고 있는지도 알려 주고, 이번 주에 통독할 구간이 어디인지도 자세히 알려 줍니다.

5. 하루에 한 쪽씩

① 통독 본문 읽기/듣기
오늘의 성경 본문을 읽습니다. QR 코드를 찍으면 오디오 바이블로 연결됩니다.

② 통독 본문 요약
오늘의 본문을 이해할 수 있도록 돕는 내용입니다. 먼저 읽고 통독하셔도 좋고, 통독한 다음에 정리하는 용도로 보셔도 좋습니다.

③ 묵상 노트
자신만의 묵상을 이곳에 적어봅니다. 기억에 남은 말씀이나 기도도 물론 괜찮습니다.

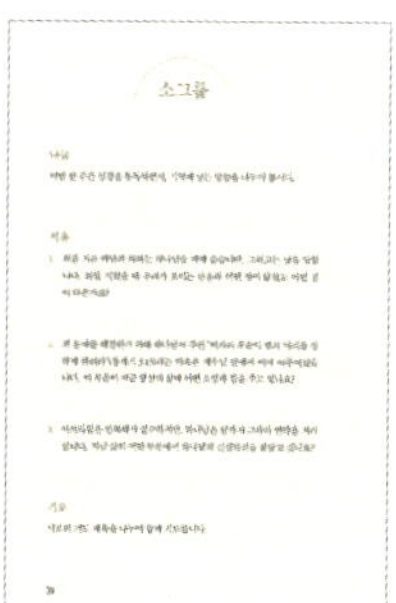

6. 함께 모여서 나눔

소그룹으로 모여서 한 주간 읽은 성경을 놓고 함께 이야기 나누면 더욱 좋습니다. 자신이 묵상한 내용이나 기억에 남았던 성경 구절을 꺼내 놓아도 괜찮고, 적용 질문에 답하며 서로를 응원하고 격려해도 좋습니다.

리딩지저스를 더 깊이 만나는 방법

리딩지저스 웹사이트 readingjesus.net

리딩지저스와 관련한 다양한 자료와 리딩지저스를 활용하는 교회들의 실제 사례를 확인하실 수 있습니다.

리딩지저스 유튜브 채널

리딩지저스 영상, 리딩지저스 오디오 바이블, 그 외 다양한 리딩지저스 활용 콘텐츠와 소식을 영상으로 만날 수 있습니다.

리딩지저스 컨퍼런스

그리스도 중심 성경읽기의 중요성을 확인하고 말씀으로 교회가 하나 되는 구체적인 사례와 방법론을 현장에서 생생하게 제시합니다.

리딩지저스 인도자 세미나

그리스도 중심 성경읽기의 중요성에 공감하여 리딩지저스를 각 교회에서 활용하기를 원하는 목회자들을 구체적이고 실제적인 방법으로 돕습니다.

목차

성경읽기 일정표 창세기-여호수아

	교재	1일차	2일차	3일차	4일차	5일차	6일차
1주	창세기1	창 1-4	창 5-8	창 9-12	창 13-16	창 17-20	창 21-24
2주	창세기2	창 25-28	창 29-32	창 33-36	창 37-40	창 41-45	창 46-50
3주	출애굽기	출 1-6	출 7-12	출 13-19	출 20-26	출 27-33	출 34-40
4주	레위기	레 1-5	레 6-10	레 11-15	레 16-20	레 21-25	레 26-27
5주	민수기	민 1-6	민 7-12	민 13-18	민 19-24	민 25-30	민 31-36
6주	신명기	신 1-6	신 7-12	신 13-18	신 19-24	신 25-29	신 30-34
7주	여호수아	수 1-4	수 5-8	수 9-12	수 13-16	수 17-20	수 21-24

GENESIS 1

창세기 1

QR 코드를 찍으면 '창세기 1' 리딩지저스 영상으로 바로 연결됩니다

창세기 1

창세기는 모든 것의 시작을 보여 주는 책입니다. 세상의 시작, 인류의 시작, 죄의 시작, 그리고 하나님의 언약이 어떻게 시작되었는지가 이 책에 담겨 있습니다. 그래서 창세기를 어떤 관점으로 읽느냐에 따라 성경 전체를 바라보는 방향도 달라질 수 있습니다.

《리딩지저스》 성경 통독은 성경을 '창조-타락-구속-완성'이라는 하나의 큰 이야기로 봅니다. 그 첫 장면인 창세기 1-3장은 창조와 타락의 이야기를 짧게 전하지만, 성경 전체를 이해하는 데 중요한 기초이기 때문에 리딩지저스 영상에서는 이 부분을 좀 더 자세히 살펴봅니다.

창조와 타락 이후, 성경은 예수님 안에서 이루어질 구속의 이야기로 본격적으로 펼쳐집니다. 특히 "여자의 후손이 뱀의 머리를 상하게 하리라"(창세기 3:15)라는 말씀은 '복음의 씨앗'이라 불리며, 이 약속은 아브라함과 그의 자손을 거쳐 결국 예수 그리스도에게로 이어집니다. 우리는 이 씨앗이 자라 가는 과정을 따라가며 창세기를 읽을 것입니다.

이번 주는 창세기 1-24장을 읽어 가며 인간의 실패와 불순종에도 불구하고 하나님의 은혜와 신실하심으로 이어지는 약속의 흐름을 함께 살펴보려고 합니다. 그리고 이 모든 약속이 예수님 안에서 완전히 이루어졌음을 믿으며 말씀을 묵상할 것입니다.

이번 주 성경읽기

1일차 창세기 1-4장

2일차 창세기 5-8장

3일차 창세기 9-12장

4일차 창세기 13-16장

5일차 창세기 17-20장

6일차 창세기 21-24장

1일차

창세기 1-4장

오디오 바이블

창조와 타락, 그리고 첫 언약의 빛

하나님은 말씀으로 세상을 창조하시고, 여섯째 날에 하나님의 형상대로 사람을 만드신 후에 복을 주십니다. 일곱째 날에는 안식하시며, 하나님이 창조주이시고 나머지 모든 것은 피조물임을 나타내십니다. 아담과 하와는 선악과를 금하는 명령을 받지만, 뱀의 유혹에 넘어가 불순종합니다. 아담과 하와는 하나님을 피해 숨더니, 하나님이 죄를 자백할 기회를 주셨음에도 불구하고 자기 책임을 인정하기는커녕 서로를 탓하며 변명합니다. 하나님은 그들을 심판하시고, 동시에 여자의 후손이 뱀의 머리를 상하게 하리라는 구속의 첫 약속을 주십니다. 이후 죄의 영향력은 점점 커져서 형 가인이 아우 아벨을 살해하는 인류 최초의 살인이 일어납니다. 그러나 하나님은 아담에게 셋을 주셔서 구속의 계보를 이어 가십니다.

묵상 노트

2일차

창세기 5-8장

오디오 바이블

심판 가운데 드러난 구원의 방주

아담의 계보는 노아까지 이어집니다. 그러나 인간의 죄악은 점점 확산하여 세상에 가득 찼고, 마침내 하나님은 세상을 심판하기로 하십니다. 그 가운데 노아만은 하나님께 은혜를 입어 방주를 지으라는 명령을 받습니다. 방주가 완성되자 하나님은 물로 세상을 심판하시고, 온 땅의 생물은 죽음을 맞이합니다. 40일 동안 내린 비로 온 땅이 물에 잠기지만, 노아와 그의 가족, 짐승들은 방주 안에서 보호받습니다. 비가 그치고 물이 줄어들자 방주는 아라랏산에 머무르고, 노아는 방주에서 나와 제단을 쌓고 하나님께 번제를 드립니다.

묵상 노트

3일차

창세기 9-12장

오디오 바이블

흩으시는 하나님, 부르시는 하나님

하나님은 노아와 언약을 맺고, 다시는 물로 땅을 심판하지 않겠다는 약속을 무지개로 확증하십니다. 노아의 아들들이 온 땅에 흩어지면서 인류는 다시 번성하고, 사람들은 하늘에 닿는 탑을 쌓아 자기 이름을 내고자 합니다. 이에 하나님은 언어를 혼란하게 하여 그들을 온 땅으로 흩으십니다. 셈의 계보 가운데 아브람이 등장하고, 아직 자식이 없다고 기록됩니다. 하나님은 아브람에게 고향을 떠나 자신이 지시할 땅으로 가라고 명하십니다. 그리고 그가 큰 민족을 이루고, 모든 민족이 그로 인해 복을 얻을 것이라고 하십니다. 아브람은 하나님 말씀에 순종하여 가나안 땅에 이르지만, 기근이 들자 애굽으로 피합니다. 그곳에서 아내 사래를 누이라고 속였다가 사래를 애굽 왕의 후궁으로 보낼 뻔합니다. 그럼에도 하나님은 아브람과 사래를 보호하시면서 아브람을 복의 근원으로 삼겠다는 그분의 계획을 이어 가십니다.

묵상 노트

4일차

창세기 13-16장

오디오 바이블

믿음으로 받은 언약, 그러나 여전히 연약한 사람

아브람과 조카 롯의 소유가 많아지고 다툼이 생기자, 롯은 요단 지역(소돔 근처)을 택해 떠납니다. 하나님은 아브람에게 그가 바라보는 모든 땅을 주시겠다고 약속하십니다. 이후 전쟁에 휘말린 롯을 구하려고 아브람이 직접 나서고, 결국 전쟁에서 승리합니다. 전쟁이 끝난 후 멜기세덱은 아브람을 축복하고, 아브람은 전리품의 10분의 1을 드립니다. 하나님은 아브람에게 하늘의 별만큼이나 자손이 많아질 것이라고 하시고, 아브람은 그 약속을 믿습니다. 하나님은 그의 믿음을 의로 여기시고, 쪼개 놓은 제물 사이를 홀로 지나시면서 언약을 맺습니다. 그러나 시간이 지나도 자식이 생기지 않자, 아브람은 여종 하갈을 통해 후사를 얻습니다. 하지만 하나님은 이스마엘을 언약의 자손으로 인정하지 않으십니다.

묵상 노트

5일차

창세기 17-20장

오디오 바이블

언약의 확증과 심판의 경고

13년이 흐른 뒤, 하나님이 다시 아브람에게 나타나셔서 언약을 갱신하십니다. 아브람의 이름을 아브라함으로, 사래의 이름을 사라로 바꾸시고, 언약의 징표로 모든 남자에게 할례를 행하라고 명하십니다. 또한 하나님은 사라를 통해 태어나는 아들의 이름을 이삭이라 하시고, 그와 영원한 언약을 세우겠다고 약속하십니다. 아브라함과 사라는 그 약속을 믿지 못했으나, 하나님은 반드시 사라를 통해 아들을 주겠다고 말씀하십니다. 이후 죄악이 극에 달한 소돔과 고모라는 하나님의 심판으로 멸망하고, 롯과 두 딸만 구원받습니다. 한편, 아브라함은 아내 사라를 누이라고 속이는 실수를 반복하지만, 하나님이 직접 개입해 사라를 지키고 보호하십니다.

묵상 노트

6일차

창세기 21-24장

오디오 바이블

약속의 성취와 순종의 시험

하나님의 약속대로 이삭이 사라에게서 태어납니다. 사라의 요청을 받아들여 아브라함이 이스마엘과 하갈을 집에서 내보냈으나, 하나님이 그들에게 은혜를 베푸시고 보호하십니다. 이후 하나님은 아브라함에게 이삭을 번제로 드리라고 명령하십니다. 아브라함의 믿음이 하나님께 있는지, 아니면 하나님께 받은 것에 있는지가 드러나는 순간이었습니다. 아브라함은 끝까지 순종했고, 하나님은 이삭 대신 숫양을 예비해 제사를 드리게 합니다. 그러고 나서 아브라함에게 다시 약속하시며, 그의 씨를 통해 천하 만민이 복을 받을 것이라고 말씀하십니다. 사라는 127세에 세상을 떠났고, 아브라함은 가나안 땅 막벨라 굴을 사서 아내를 장사합니다. 이후 리브가가 이삭의 아내로 들어오고, 언약의 계보는 다음 세대로 이어질 준비를 합니다.

묵상 노트

소그룹

나눔

이번 한 주간 성경을 통독하면서, 기억에 남는 말씀을 나누어 봅시다.

적용

1. 죄를 지은 아담과 하와는 하나님을 피해 숨습니다. 그러고는 남을 탓합니다. 죄를 지었을 때 우리가 보이는 반응과 어떤 점이 닮았고 어떤 점이 다른가요?

2. 죄 문제를 해결하기 위해 하나님이 주신 "여자의 후손이 뱀의 머리를 상하게 하리라"(창세기 3:15)라는 약속은 예수님 안에서 이미 이루어졌습니다. 이 복음이 지금 당신의 삶에 어떤 소망과 힘을 주고 있나요?

3. 아브라함은 반복해서 실수하지만, 하나님은 끝까지 그와의 언약을 지키십니다. 지금 삶의 어떤 부분에서 하나님의 신실하심을 붙들고 싶나요?

기도

서로의 기도 제목을 나누며 함께 기도합니다.

GENESIS 2

창세기 2

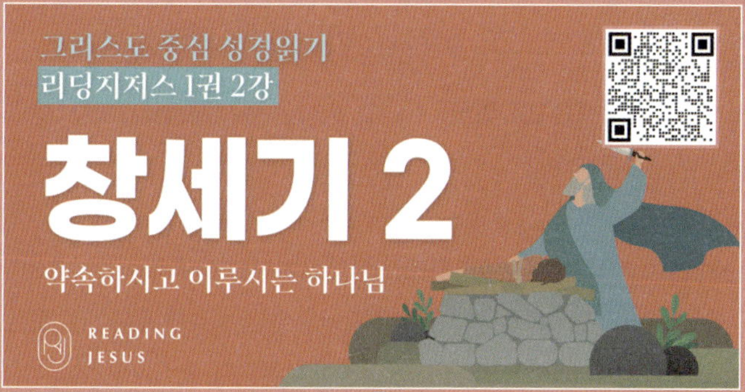

QR 코드를 찍으면 '창세기 2' 리딩지저스 영상으로 바로 연결됩니다

창세기 2

아담과 하와로 인한 인류 최초의 타락 이후, 가인의 살인, 노아 시대의 홍수, 바벨탑 사건에 이르기까지 죄는 점점 더 퍼져 갑니다. 하지만 하나님은 약속하신 대로 아담의 후손, 특히 셋의 계보를 따라 구속 사역을 이어 가시고, 마침내 한 사람, 아브라함을 부르십니다. 하나님은 그를 통해 모든 민족이 복을 받게 하겠다고 약속하셨고, 이 언약은 성경 전체를 이해하는 데 매우 중요한 틀이 됩니다. 그래서 리딩지저스 영상에서는 아브라함의 이야기를 다시 한번 집중해서 다룹니다.

이번 통독에서 우리가 읽을 창세기 25장 이후의 내용은 아브라함이 죽은 후에도 하나님의 언약이 그의 후손인 이삭, 야곱, 요셉을 통해 계속 이어지는 과정을 보여 줍니다. 이들 모두 아브라함처럼 연약하고 부족한 사람들이었습니다. 이삭은 두려워 아내를 누이로 속였고(창세기 26장), 야곱은 형과 아버지를 속이고 도망쳐 떠돌았으며, 요셉은 형들의 시기 속에 억울한 고난을 겪었습니다. 그럼에도 하나님은 그들의 삶 속에서 언약을 신실하게 이루시며, 그의 언약 백성을 형성하고 보존해 가십니다.

창세기는 요셉의 죽음으로 마무리됩니다. 요셉은 죽기 전, 하나님께서 반드시 그의 백성을 돌보시고 애굽에서 이끌어 내어 아브라함, 이삭, 야곱에게 약속하신 땅으로 인도하실 것이고, 그때 자신의 관을 가지고 가라는 유언을 남깁니다. 창세기는 단지 한 시대의 끝이 아니라, 앞으로 펼쳐질 하나님의 구속 이야기를 기대하며 마무리됩니다. 이것은 구약성경 전체가 지니고 있는 공통된 흐름이며, 모든 시선을 결국 오실 메시아, 예수 그리스도께로 향하게 합니다.

이번 주 성경읽기

1일차 창세기 25-28장

2일차 창세기 29-32장

3일차 창세기 33-36장

4일차 창세기 37-40장

5일차 창세기 41-45장

6일차 창세기 46-50장

1일차

창세기 25-28장

오디오 바이블

언약은 이어지고, 하나님의 선택은 은혜로

아브라함은 죽은 뒤 막벨라 굴에 장사되고, 하나님의 언약은 아들 이삭에게로 계승됩니다. 이삭의 아내 리브가는 쌍둥이 에서와 야곱을 잉태하고, 두 형제는 태중에서부터 갈등합니다. 하나님은 장자 에서가 아니라 둘째 야곱을 선택하셨다고 미리 말씀하십니다. 그 말씀대로 에서는 팥죽 한 그릇에 장자의 명분을 야곱에게 넘기고 맙니다. 나이 든 이삭이 에서를 축복하려고 했으나 리브가와 야곱의 계략으로 야곱이 장자의 축복을 대신 받습니다. 형의 분노를 피해 도망치던 야곱은 벧엘에서 하나님을 만나 아브라함이 받았던 언약의 약속을 이어받습니다. 이 모든 이야기는 하나님의 선택이 인간의 공로나 자격이 아니라, 오직 하나님의 은혜에 근거하고 있음을 알려 줍니다.

묵상 노트

2일차

창세기 29-32장

오디오 바이블

야곱에서 이스라엘로, 하나님의 사람으로

형 에서를 피해 하란으로 도망간 야곱은 외삼촌 라반의 집에서 긴 타향살이를 하며 부인과 자녀를 얻습니다. 야곱이 속고 속이는 삶을 반복하는 중에도 하나님은 함께하십니다. 마침내 벧엘에서 맺은 언약을 기억하게 하시고, 고향으로 돌아가라고 명령하십니다. 하나님은 은혜를 베푸셔서 라반과도 평화롭게 헤어지게 하십니다. 형 에서와의 재회를 앞두고 야곱은 두려워하며 여러 전략을 세우지만, 그것만으로는 충분하지 않았습니다. 에서를 만나기 전날 밤, 야곱은 하나님의 사자와 씨름하며 '이스라엘'이라는 새 이름을 받습니다. 그는 이제 자신의 꾀가 아니라 하나님이 주시는 복으로 살아야 함을 깨닫습니다.

묵상 노트

3일차

창세기 33-36장

오디오 바이블

벧엘로 돌아간 야곱, 다시 세워지는 언약

야곱은 두려워 떨며 형 에서를 만나지만, 에서는 오히려 그를 따뜻하게 맞이합니다. 두 형제의 화해 속에 야곱은 세겜 땅에 정착합니다. 하지만 딸 디나의 사건으로 큰 위기를 맞습니다. 하나님은 야곱에게 벧엘로 올라가 제단을 쌓으라고 명하시고, 야곱은 가족과 소유를 정결하게 한 뒤 벧엘에 제단을 쌓습니다. 하나님은 야곱을 축복하시면서 왕들이 그의 후손에서 나오고, 아브라함과 이삭에게 준 땅을 그와 후손에게 주겠다는 언약을 재확인하십니다. 이후 라헬은 베냐민을 낳은 뒤 죽고, 이삭도 노년의 삶을 마칩니다. 에서의 족보도 이어지는데, 그의 후손은 에돔 족속을 이룹니다.

묵상 노트

4일차

창세기 37-40장

오디오 바이블

팔려 가는 요셉, 함께하시는 하나님

야곱이 가장 사랑한 아들 요셉은 형들의 시기와 미움을 받습니다. 요셉이 형들보다 높아지는 꿈을 꾸었다고 말하자 갈등이 폭발하고, 결국 형들은 요셉을 노예로 팔아 버립니다. 야곱에게는 요셉이 죽었다고 속입니다. 요셉 이야기 중간에 유다와 다말의 사건이 끼어드는데, 이를 통해 유다의 내면 변화와 다말의 후손에서 이어지는 언약 계보의 흐름을 알 수 있습니다. 한편, 요셉은 애굽의 보디발 집에서 종으로 살면서도 함께하시는 하나님으로 인해 형통합니다. 그러나 보디발 아내의 유혹을 거절한 후 누명을 쓰고 감옥에 갇힙니다. 그곳에서도 하나님은 여전히 요셉과 함께하시며, 간수장의 신임을 받아서 중요한 일을 맡게 하십니다. 감옥에서 만난 바로의 두 신하가 꿈을 꾸자, 요셉은 그 꿈을 해석해 주고 해석한 대로 일이 이루어집니다. 요셉은 복직한 술 맡은 관원에게 자신을 기억해 달라고 하지만, 그는 요셉을 잊고 맙니다.

묵상 노트

5일차

창세기 41-45장

오디오 바이블

용서와 회복, 그리고 하나님의 구원 계획

요셉이 바로의 꿈을 해석하여 7년의 풍년과 7년의 흉년을 예고하고, 지혜로운 대비책까지 제시해 애굽의 총리가 됩니다. 흉년이 시작되자 가나안에 있던 요셉의 형들은 곡식을 구하려고 애굽으로 내려갑니다. 요셉이 그들을 알아보고는 정체를 숨긴 채 시험합니다. 막내 베냐민을 데려오라고 한 다음, 은잔 사건으로 형들의 변화된 모습을 살핍니다. 특히 유다는 과거 요셉을 팔자고 제안했던 사람이지만, 이번에는 베냐민 대신 자신이 종이 되겠다고 나서며 달라진 모습을 보입니다. 이에 요셉은 정체를 밝히며 형들을 용서하고, 이 모든 일이 하나님의 구원 계획이었다고 고백합니다. 요셉은 흉년이 계속될 것을 염려해 아버지 야곱과 온 가족을 애굽으로 초청합니다.

묵상 노트

6일차

창세기 46-50장

오디오 바이블

죽음을 넘어 이어지는 언약의 소망

야곱은 요셉이 살아 있다는 소식을 듣고 가족과 함께 애굽으로 내려갑니다. 하나님은 그에게 두려워 말라고 하시며, 그곳에서 큰 민족을 이루시겠다고 약속하십니다. 야곱은 요셉과 감격적인 재회를 하고, 바로를 만나 축복합니다. 죽음을 앞두고는 요셉의 두 아들 에브라임과 므낫세, 그리고 열두 아들을 축복합니다. 특히 유다에게는 형제들의 지도자 역할을 하리라는 예언적 축복을 남깁니다. 장례를 마친 후 형들은 요셉의 보복을 두려워하지만, 요셉은 이 모든 일이 많은 생명을 구하시려는 하나님 계획임을 고백하며 그들을 용서합니다. 죽음을 앞둔 요셉은 하나님이 자기 자손을 가나안 땅으로 반드시 이끄실 것을 믿고, 자신의 유해를 그 땅에 묻어 달라고 유언합니다.

묵상 노트

소그룹

나눔

이번 한 주간 성경을 통독하면서, 기억에 남는 말씀을 나누어 봅시다.

적용

1. 속이는 야곱, 질투하는 요셉의 형들처럼 우리 안에도 자기중심적 모습이 있습니다. 이번 주 말씀에 자신을 비추어 보았을 때 내게도 그런 모습이 있었나요? 있었다면 어떤 모습이었나요?

2. 야곱이 특별해서 하나님이 선택하신 것이 아닙니다. 하나님의 전적인 은혜였습니다. 우리 역시 하나님의 은혜에 힘입어 부르심을 받았습니다. 그 사실이 우리 삶에 어떤 소망을 주나요? 또는 어떤 도전이 되나요?

3. 요셉은 지나온 모든 날이 하나님 계획 안에 있었다고 고백합니다. 당신은 지금 인생의 상처나 고통을 어떻게 바라보고 있나요?

기도

서로의 기도 제목을 나누며 함께 기도합니다.

EXODUS

출애굽기

QR 코드를 찍으면 '출애굽기' 리딩지저스 영상으로 바로 연결됩니다

출애굽기

출애굽기는 창세기에서 바로 이어지지만, 시기상으로는 400여 년이 지난 때입니다. 요셉의 초청으로 야곱과 온 가족이 애굽으로 넘어온 뒤, 야곱의 자손은 이제 한 민족으로 규모가 상당히 커져 있습니다. 창세기의 무대가 메소포타미아와 가나안 지역이었다면, 출애굽기는 당시 대제국이었던 애굽을 무대로 이야기가 펼쳐집니다. 창세기가 족장들 이야기였다면, 출애굽기는 하나님에 의해 한 나라가 형성되는 장면으로 이어집니다.

하지만 동시에 출애굽기는 창세기와 연결점이 있습니다. 출애굽기의 히브리어책 이름은 1장 1절의 첫 번째 두 단어인 《이름은 이러하니》(These are the names…)입니다. 출애굽기 1장은 야곱과 함께 애굽으로 넘어온 야곱의 열두 아들 이름을 열거하면서 시작합니다. 이는 마치 창세기에서 큰 이야기 주제가 바뀔 때마다 나왔던 족보를 떠올리게 합니다. 다시 말해, 출애굽기는 하나님의 생명책에 기록된 사람들이 하나님의 섭리와 주권 가운데서, 모세의 지도하에 애굽의 노예생활에서 벗어나 약속의 땅 가나안으로 향하는 이야기입니다.

성경 전체가 하나님의 구원 이야기임을 감안하면, 출애굽기는 그 어떤 책보다도 하나님의 구원 이야기를 역동적이고 극적으로 보여 주는 책입니다. 그러므로 출애굽기는 구원의 창시자이자 완성이신 주 예수 그리스도를 깊이 묵상할 수 있는 책입니다(히브리서 2:10). 이번 한 주 동안 하나님의 구원 이야기를 기대하며 말씀을 묵상하는 시간이 되기를 소망합니다.

이번 주 성경읽기

1일차 출애굽기 1-6장

2일차 출애굽기 7-12장

3일차 출애굽기 13-19장

4일차 출애굽기 20-26장

5일차 출애굽기 27-33장

6일차 출애굽기 34-40장

1일차

출애굽기 1-6장

오디오 바이블

잊힌 것 같은 고통 가운데
하나님의 부르심이 찾아오다

출애굽기 1-2장에 나오는 이스라엘 민족의 처지는 하나님의 약속과 거리가 멀어 보입니다. 아브라함에게 큰 나라를 이루겠다고 하신 하나님의 약속이 위험에 처해 있기 때문입니다. 야곱의 가족이 애굽으로 내려온 지 400여 년이 지난 지금, 하나님은 그들을 잊으신 듯 보입니다. 그들의 대표자처럼 보이는 모세조차 미디안 땅에 숨어서 지냅니다. 그러나 하나님은 이스라엘의 부르짖음을 들으시고, 모세에게 친히 나타나 사명을 주십니다. 떨기나무 가운데 불꽃으로 나타나신 하나님은 모세를 이스라엘 백성의 지도자로 부르십니다. 모세는 비록 떨기나무같이 아무 능력이 없으나, 그럴수록 모세를 사용하시는 하나님의 능력이 더 강렬하게 드러납니다.

묵상 노트

2일차

출애굽기 7-12장

오디오 바이블

어린양의 피로 구원받는 백성

하나님은 애굽에 열 가지 재앙을 내리십니다. 하나님은 재앙을 통해 나일강을 비롯해 애굽 사람들이 섬기던 우상의 무력함을 드러내시고, 이스라엘 백성을 구별해서 보호하십니다. 그럴수록 바로의 마음은 더욱더 완고해졌고, 하나님은 처음 태어난 모든 생명을 치시는 마지막 재앙을 예고하십니다. 이스라엘 백성들의 맏아들도 피의 대속이 없었다면 죽음을 맞았을 것입니다. 그러나 이스라엘 백성은 하나님의 명령에 순종해 어린양을 죽여 그 피를 문설주와 인방에 바르고는 집 안으로 피해 죽음을 피합니다. 이는 장차 오실 하나님의 어린양, 참 유월절 어린양이신 예수 그리스도의 대속을 예표하는 사건입니다(고린도전서 5:7).

묵상 노트

3일차

출애굽기 13-19장

오디오 바이블

홍해를 건넜으나 이어지는 불평

애굽에서 첫 번째 유월절을 보낸 이스라엘 백성들은 애굽 사람들에게 받은 수많은 은금 패물을 가지고 그 땅에서 나옵니다. 그러나 바로는 다시 한번 마음이 완악해져 군사를 몰고 이스라엘 백성을 추격합니다. 하나님은 이스라엘 민족으로 하여금 믿음으로 홍해를 건너게 하시고, 뒤따르던 애굽 군사들은 바다에 빠져 죽게 하십니다. 이로써 하나님의 큰 능력을 다시 한번 나타내십니다(히브리서 11:29). 그럼에도 이스라엘 백성들은 당장 먹을 것이 없다고 모세와 아론을 원망하며 불평하기 시작합니다. 오래 참으시는 하나님은 그들에게 먹을 것과 마실 것을 공급하면서 그들을 인도하십니다. 그리고 그들은 애굽을 떠난 지 세 달 만에 하나님이 모세를 처음 부르셨던 시내산에 이릅니다(출애굽기 3:12).

묵상 노트

4일차

출애굽기 20-26장

오디오 바이블

십계명과 언약의 체결, 하나님이 함께하시는 민족

하나님은 시내산에서 불과 연기와 나팔 소리 가운데 친히 임하십니다. 모세는 이스라엘 백성의 대표자로 시내산에 홀로 올라가 십계명과 하나님의 규례를 받습니다. 하나님은 모든 율법의 근간이자 핵심인 십계명을 먼저 말씀하시고, 주변국과 구별해서 이스라엘만이 지켜야 하는 특별한 규례를 알려 주십니다. 모세가 언약서를 낭독하고 백성들이 하나님의 모든 말씀을 준행하겠다고 서약함으로써 언약이 체결됩니다. 그 후 언약의 대표자인 모세뿐 아니라 아론과 이스라엘 장로 70인도 하나님의 임재 안에서 먹고 마십니다. 이제 하나님은 이스라엘 백성에게 더 가까이 다가오십니다. 성막에 들어갈 기구와 성막을 짓는 방법을 알려 주시고, 하나님은 그 성소를 통해 이스라엘 가운데 거하겠다고 말씀하십니다(25:8-9).

묵상 노트

5일차

출애굽기 27-33장

오디오 바이블

금송아지 숭배, 그러나 은혜로 새로운 언약

하나님은 성막, 성막 기구, 제사장 의복, 제단, 향품 등을 비롯해 안식일 규례를 알려 주심으로써 자신이 이방신들과는 다른 참 하나님이심을 나타내십니다. 그러나 백성들은 모세가 시내산에 올라간 사이에 이방인들처럼 금송아지를 만들어 언약을 어깁니다. 산에서 내려온 모세가 이 모습을 보고는 십계명 돌판을 깨뜨립니다. 그러나 하나님은 자기 백성들을 버리지 않으시고, 모세의 간구에 응답해 자비와 은혜로 새로운 언약을 맺으십니다. 하나님은 자신을 "자비롭고 은혜로우며 노하기를 더디 하는 분"으로 소개하시며 백성들에게 다시 한번 기회를 주십니다.

묵상 노트

6일차

출애굽기 34-40장

오디오 바이블

하나님이 백성 가운데 계신다

모세의 중보기도를 들으신 하나님은 새 돌판에 십계명을 다시 새기시고, 백성들에게 성막을 완성하고 제사장 예복을 제작하라고 명령하십니다. 이는 하나님이 죄를 용서하고 언약을 회복하셨음을 보여 줍니다. 성막은 하늘 보좌를 상징하는 언약궤를 중심으로 만들어지며, 이는 말씀이신 예수 그리스도를 통해 하나님이 우리와 함께하심을 예표합니다. 백성들은 자원하여 예물을 바치고, 브살렐과 오홀리압은 성령의 지혜로 성막을 완성합니다. 모세와 아론이 하나님이 명령하신 대로 성막을 완성하고 제사장이 세워지자, 구름이 성막을 덮고 주의 영광이 성막에 가득 찹니다. 신약 시대를 살아가는 우리는 구약 시대 성막에 거하신 하나님보다 더 영광스러운 하나님의 임재를 경험합니다. 하나님의 성령이, 성전이신 예수님과 연합한 우리 안에 친히 거하시며 우리를 하나님의 성전으로 삼으시기 때문입니다(에베소서 2:21-22).

묵상 노트

소그룹

나눔

이번 한 주간 성경을 통독하면서, 기억에 남는 말씀을 나누어 봅시다.

적용

1. 하나님은 언약 백성이 지켜야 할 삶의 기준을 십계명으로 알려 주셨습니다. 그 말씀에 비추어 보았을 때 내가 지금 불순종하는 모습이 있다면 무엇인가요?

2. 하나님은 어린양의 피로 죽음을 면하게 하셨고(출애굽기 12장), 시내산에서 제단과 백성에게 피를 뿌리며 언약을 맺으셨습니다(출애굽기 24장). 오늘 당신이 예수님의 피로 맺어진 새 언약 안에 있다는 사실이 어떤 위로와 소망을 주나요?

3. 하나님은 성막에 임재하심으로 백성 가운데 거하셨습니다. 오늘날 하나님은 예수 그리스도로 말미암아 우리 안에 거하십니다. 그 사실 때문에 우리 태도나 삶의 어떤 부분이 달라지나요?

기도

서로의 기도 제목을 나누며 함께 기도합니다.

LEVITICUS

레위기

QR 코드를 찍으면 '레위기' 리딩지저스 영상으로 바로 연결됩니다

레위기

출애굽기는 성막이 완성되고 하나님의 영광이 그곳에 가득 임하는 장면으로 끝납니다. 그러나 그 영광 앞에서 이스라엘 백성은 물론 모세조차도 성막에 들어갈 수 없었습니다. 레위기는 바로 이 지점에서 시작됩니다. 레위기 1장은 성막이 세워진 직후, 하나님이 모세를 부르시고 말씀하시는 장면으로 시작하며, 하나님께로 나아오는 길을 직접 알려 주십니다.

하나님의 임재는 분명 큰 은혜였지만, 죄로 물든 백성이 거룩한 하나님께 그대로 나아갈 수는 없었습니다. 그래서 하나님은 백성에게 하나님께 나아가는 방법과 그의 거룩한 임재 안에서 살아가는 방식을 가르치십니다. 이것이 레위기에 다양한 제사와 규례가 기록된 이유입니다.

레위기가 여러 제사와 규례를 담고 있어서 복잡해 보이지만, 크게 세 부분으로 나뉩니다. 1-15장은 제사를 통해 하나님께 나아가는 길을, 16장은 대속죄일을 통해 속죄의 핵심을, 17-20장은 거룩한 삶을 살아가는 규례들을 제시합니다. 이 모든 내용의 중심에는 죄를 사하는 '속죄'가 있습니다.

오늘날 우리는 더 이상 이런 제사나 규례를 직접 실행하지 않습니다. 그러나 핵심 메시지는 여전히 유효합니다. 하나님은 죄를 가벼이 여기지 않으시되, 언제나 회복과 용서의 길을 먼저 여십니다. 레위기에 기록된 모든 제사는 예수 그리스도를 통해 온전히 성취되었습니다. 예수님은 언약을 어긴 자가 반드시 받아야 하는 형벌을 대신 받으신 참된 희생 제물이시며, 우리를 하나님께 인도하는 대제사장이십니다.

레위기를 읽을 때마다 우리는 자신을 성찰합니다. 동시에 우리를 끝까지 포기하지 않고 은혜로 회복하시는 하나님의 사랑에 감사하며, 속죄의 은혜를 깊이 묵상합니다. 그렇게 할수록 거룩한 삶으로 응답하며 하나님의 임재 가운데서 살아가는 백성으로 자라게 됩니다.

이번 주 성경읽기

1일차 레위기 1-5장

2일차 레위기 6-10장

3일차 레위기 11-15장

4일차 레위기 16-20장

5일차 레위기 21-25장

6일차 레위기 26-27장

1일차

레위기 1-5장

오디오 바이블

제사, 거룩하신 하나님께 나아가는 길

레위기는 다섯 가지 제사(번제, 소제, 화목제, 속죄제, 속건제)를 소개하며 시작합니다. 이스라엘 백성은 이 제사들을 통해 언약을 깨뜨린 죄를 속죄하고, 하나님의 왕 되심을 인정하며, 하나님과 회복된 관계를 기념했습니다. 특히 속죄제는 죄인이 제단 앞에서 용서와 정결함을 얻는 길이었고, 하나님만이 아니라 이웃과의 관계 회복까지 포함했습니다. 이 제사들은 죄인인 백성이 거룩한 하나님께 나아가는 길이었으며, 죄의 해결은 하나님이 마련하신 방식으로만 가능했습니다. 예수님이 이 모든 제사의 실체로 오셔서 완성하시기 전까지 이스라엘은 이러한 제사 의식을 통해 하나님과 관계를 맺었습니다.

묵상 노트

2일차

레위기 6-10장

오디오 바이블

제사장 위임과 무거운 기준

레위기 6-10장은 제사장과 관련된 규례와 제사의 집례 과정을 다룹니다. 세밀하게 마련된 이 규정들을 통해 하나님께 드리는 제사가 얼마나 거룩하고 신중해야 하는지, 특히 제사 임무를 맡은 제사장들에게 얼마나 높은 기준이 요구되는지를 알 수 있습니다. 아론과 그의 아들들이 제사장으로 위임받아 구별되었고, 첫 번째 대제사장 아론이 하나님의 규례에 따라 제사를 드립니다. 그러나 아론의 아들 나답과 아비후는 하나님의 명령을 어기고 임의로 분향하여 하나님의 심판을 받아 죽음을 맞습니다. 이 사건으로 하나님이 예배와 중보자에게 거룩함과 순종을 얼마나 절대적으로 요구하시는지를 알 수 있습니다.

묵상 노트

3일차

레위기 11-15장

오디오 바이블

정결 규례, 정결한 백성의 삶

레위기 11-15장은 제사법 외에도 이스라엘 백성이 일상에서 지켜야 할 정결 규례를 자세히 다룹니다. 음식법과 산모의 정결, 나병과 각종 피부병, 곰팡이 등과 관련된 규례들은 일상에서 맞닥뜨리는 부정함으로부터 이스라엘 백성을 구별합니다. 부정한 것과 정한 것, 정한 것 중에서도 흠 없는 것으로 구별되는 것은 이스라엘 백성의 삶에 큰 의미가 있었습니다. 하지만 이러한 구분과 규례들은 예수님이 이 땅에 오심으로 완전히 바뀝니다. 예수님은 병든 자와 부정한 자에게 손을 내미시고, 그들을 정결케 하심으로 백성의 정체성을 새롭게 정의하셨습니다. 이제 우리는 예수님 안에서 하나님의 정결한 백성이 되었으며, 레위기에 담긴 정결 규례의 참된 목적이 정죄가 아니라 회복에 있음을 알게 되었습니다.

묵상 노트

4일차

레위기 16-20장

오디오 바이블

대속죄일과 거룩한 삶의 부르심

레위기 16장은 이 책의 중심인 대속죄일 의식을 담고 있습니다. 이날 대제사장은 먼저 자신과 백성의 죄를 위해 희생 제사를 드린 후, 속죄 염소를 광야로 보내어 죄가 백성 가운데서 멀리 떠나가게 하는 의식을 행합니다. 이는 예수님의 십자가 사역을 생생하게 예표합니다. 17-20장에는 하나님의 임재 가운데서 거룩하게 사는 데 필요한 구체적인 규례들이 나옵니다. 당시 이방 민족들과 구별되어야 했던 이스라엘은 성적 순결, 이웃에 대한 정의, 우상숭배 금지 같은 규례들을 지키며 하나님의 언약 백성답게 살아야 했습니다. 이러한 말씀은 예수님을 통해 속죄받은 우리도 하나님 백성답게 거룩한 삶으로 응답해야 한다고 알려 줍니다.

묵상 노트

5일차

레위기 21-25장

오디오 바이블

절기와 안식으로 하나님 나라의 질서를 배우다

레위기 21-25장은 제사장의 거룩함, 예배와 절기, 안식년과 희년에 관한 규례들을 기록하여 하나님 백성의 삶의 틀을 제시합니다. 제사장은 일반 백성보다 더 엄격한 거룩함을 요구받았고, 하나님께 드리는 제물 또한 흠이 없어야 했습니다. 유월절, 무교절, 칠칠절, 속죄일, 초막절 같은 절기들은 하나님의 주권을 인정하고, 구속의 은혜를 기억하며, 기쁨과 감사를 누리는 시간이었습니다. 이 절기들은 예수 그리스도의 사역을 예표하는 구속사의 중요한 장치이기도 합니다. 또한 안식일과 7년마다 돌아오는 안식년, 50년마다 선포되는 희년을 통해 하나님은 이스라엘이 진정한 안식을 배우고, 정의와 회복과 나눔을 실현하도록 하셨습니다. 이 모든 규례는 단순한 형식이 아니라, 하나님 백성들이 그분의 다스림 아래에서 거룩하고 정의롭게 살도록 이끄시는 하나님의 초대였습니다.

묵상 노트

6일차

레위기 26-27장

오디오 바이블

하나님 앞에서 살아가는 인생

레위기의 마지막은 하나님 백성으로 살게 하는 삶의 원칙을 언약의 관점에서 정리하며 마무리합니다. 26장은 언약에 순종할 때 받는 복과 불순종할 때 따르는 징계를 구체적으로 제시합니다. 이를 통해 하나님은 단순히 규칙을 요구하시는 분이 아니라, 인생 전반에 걸쳐 생사화복을 주관하시는 주권자이심이 드러납니다. 동시에 백성이 불순종했을지라도 회개하면 회복하시는 분이라는 사실도 강조됩니다. 27장에서는 하나님께 사람이나 소유를 드리기로 서원했을 때 어떻게 갚아야 하는지를 알려 주면서, 하나님께 드리는 일을 결코 가벼이 할 수 없음을 일깨웁니다. 이처럼 레위기는 제사와 정결, 거룩한 삶, 절기와 안식, 언약에 이르기까지 하나님 백성이 하나님께 나아가고 그분 앞에서 살아가는 방식을 안내합니다.

묵상 노트

소그룹

나눔

이번 한 주간 성경을 통독하면서, 기억에 남는 말씀을 나누어 봅시다.

적용

1. 레위기에는 다양한 제사법과 정결 규례가 등장합니다. 그만큼 하나님은 우리의 죄를 반드시 해결하기를 원하십니다. 그에 비해 우리는 우리 죄를 가벼이 여길 때가 많습니다. 혹시 당신에게도 그런 모습이 있었나요? 만약 그랬다면 어떤 모습이었나요?

2. 하나님은 제사 제도를 마련해 자신에게 나아오는 길을 이스라엘 백성들에게 열어 주셨습니다. 예수님은 단번의 희생으로 하나님에게 나아가는 길을 우리를 위해 여셨습니다. 그 사실이 당신에게는 어떤 확신과 평안을 주나요?

3. 하나님은 이스라엘에게 "내가 거룩하니 너희도 거룩하라"라고 말씀하셨습니다. 우리는 예수님의 은혜로 거룩하게 되었습니다. 그 거룩하심을 드러내야 하는 우리 삶의 영역은 어디일까요?

기도

서로의 기도 제목을 나누며 함께 기도합니다.

NUMBERS

민수기

QR 코드를 찍으면 '민수기' 리딩지저스 영상으로 바로 연결됩니다

민수기

창세기에서 시작한 하나님의 언약은 출애굽기와 레위기를 거치며 점점 그 모습을 드러내더니 한 민족과 한 나라의 틀을 갖추기 시작합니다. 민수기에 이르러서는 언약이 실제로 성취되며, 약속의 땅을 향한 여정이 본격적으로 펼쳐집니다. 민수기는 애굽을 탈출한 이스라엘 백성이 시내산을 떠나 광야에서 겪은 여정을 담고 있습니다.

민수기는 두 번의 인구조사를 중심으로 두 부분으로 나눌 수 있습니다. 첫 번째 인구조사 대상은 애굽에서 나온 첫 세대입니다. 이들은 하나님이 구원하시는 놀라운 기적을 직접 경험했지만, 끊임없는 불신과 원망으로 결국 광야에서 생을 마감하고 약속의 땅에 들어가지 못합니다(1-25장). 반면, 두 번째 인구조사에 기록된 세대는 광야에서 나고 자란 이들로, 하나님의 인도하심을 따라 유업을 소망하며 약속의 땅으로 나아갑니다(26-36장).

민수기를 읽다 보면 불평, 불신, 불순종, 원망의 장면이 반복해서 등장합니다. 하나님은 그때마다 공의로 심판하시되, 동시에 회복의 길을 열어 주십니다. 특히 광야에서 높이 들린 놋뱀은 장차 십자가에 달리실 예수 그리스도를 예표합니다. 우리 죄를 대신 지신 그분 덕분에 우리는 하나님 백성으로 다시 세움을 받았습니다.

이번 주 민수기를 통독하면서 자주 불평하고 원망하는 우리를 돌아보며, 예수 그리스도를 통해 하나님 백성으로 세워진 은혜를 다시 깊이 새기는 시간이 되기를 바랍니다. 또한 우리에게 영원한 유업을 주신 은혜를 기억하며, 마음이 완고해지지 않도록 함께 기도하며 나아가기를 소망합니다.

이번 주 성경읽기

1일차 민수기 1-6장

2일차 민수기 7-12장

3일차 민수기 13-18장

4일차 민수기 19-24장

5일차 민수기 25-30장

6일차 민수기 31-36장

1일차

민수기 1-6장

오디오 바이블

하나님 중심 공동체

민수기는 인구조사로 시작합니다. 하나님은 전쟁에 나갈 수 있는 20세 이상 남자를 지파별로 조사하게 하십니다. 이를 통해 약속의 땅을 향한 여정이 공동체 전체의 참여로 이루어져야 함을 분명히 하십니다. 레위 지파는 조사 대상에서 제외됐는데, 전쟁이 아닌 성막과 제사를 담당하는 임무를 맡았기 때문입니다. 하나님은 성막을 중심으로 지파들의 진영을 정렬하시는데, 그 배치는 하나님 중심의 공동체라는 정체성을 시각적으로 보여 줍니다. 이어서 레위인의 임무를 구체적으로 설명하고, 공동체의 거룩함을 지키기 위한 다양한 규례들을 소개합니다. 특히 하나님께 헌신한 나실인 규례가 등장하고, 하나님의 임재와 평강이 이스라엘 공동체 위에 머물기를 선언하는 제사장의 축복으로 마무리됩니다.

묵상 노트

2일차

민수기 7-12장

오디오 바이블

구름을 따라 걷는 백성,
불평에도 은혜를 부으시는 하나님

성막 봉헌 후, 각 지파 지도자가 하나님 명령에 따라 동일한 헌물을 드리고, 제사장과 레위인은 정결 예식을 거친 후 직무에 임합니다. 이스라엘은 시내 광야에서 율례대로 유월절을 지킵니다. 하나님의 임재를 상징하는 구름이 낮에는 성막을 덮었고, 저녁이 되면 불 모양으로 나타나서 머물렀습니다. 이스라엘 진영은 구름을 따라 이동했고, 은 나팔을 불어 행진과 집결의 신호로 사용했습니다. 마침내 이스라엘은 시내산을 떠나 여정을 시작하지만, 곧 불평이 터져 나옵니다. 악한 말로 여호와를 원망하고, 먹을 것에 대한 불만과 모세의 리더십에 대한 도전이 이어집니다. 하나님은 메추라기를 보내 고기를 먹이시지만, 동시에 그들의 불신앙도 징계하십니다. 지도자인 모세조차 지쳐서 연약함을 토로하고, 하나님은 그를 도울 이들을 세우십니다. 백성들의 반복되는 불평에도 하나님은 변함없이 그들을 인도하시며 함께하십니다.

묵상 노트

3일차

민수기 13-18장

오디오 바이블

두려움에 사로잡힌 믿음, 광야 40년으로

하나님이 가나안 땅을 정탐하라고 명령하시고, 정탐꾼 열두 명은 40일간 그 땅을 살핀 후에 돌아옵니다. 여호수아와 갈렙이 하나님의 능력과 약속을 신뢰한 반면, 다른 열 명은 그 땅의 현실을 보고 두려움에 사로잡혀 부정적으로 보고합니다. 이를 들은 이스라엘 백성은 하나님을 원망하며, 차라리 애굽이나 광야에서 죽었더라면 좋았겠다고 아우성칩니다. 이에 하나님은 이스라엘 백성들이 약속의 땅에 들어가지 못한 채 40년간 광야에서 방황하다 죽을 것이라고 선언하십니다. 그 후에도 이스라엘은 반복해서 원망과 반역을 일삼고, 그에 따른 심판, 모세와 아론의 중보, 하나님의 진노가 멈추는 장면이 이어집니다.

묵상 노트

4일차

민수기 19-24장

오디오 바이블

놋뱀과 축복, 심판 속에 이어지는 약속

이스라엘 백성은 또다시 물이 없다고 불평하고, 하나님은 반석에서 물을 내십니다. 그 과정에서 모세와 아론이 하나님 말씀을 어기게 되고, 결국 두 사람 모두 약속의 땅에 들어가지 못한다는 말씀을 듣습니다. 아론은 호르산에서 생을 마치고, 그의 아들 엘르아살이 제사장 임무를 이어받습니다. 에돔의 영토를 통과하지 못하게 된 이스라엘은 광야 길로 우회하고, 백성의 원망은 더욱 커집니다. 하나님은 불뱀을 보내어 그들을 심판하시지만, 동시에 회개의 길도 주십니다. 장대에 달린 놋뱀을 바라보는 자마다 살아나는 이 장면은 십자가에 달리실 예수 그리스도를 예표합니다(요한복음 3:14-15). 이후 이스라엘은 주변 민족들을 정복해 나가고, 이를 두려워한 모압 왕 발락은 선지자 발람을 불러 이스라엘을 저주하게 합니다. 그러나 발람은 하나님 말씀을 거역할 수 없어 오히려 이스라엘을 축복하고, 그들이 받을 복을 예언합니다.

묵상 노트

5일차

민수기 25-30장

오디오 바이블

새로운 세대, 새로운 준비

이스라엘의 첫 세대 이야기는 매우 참담하게 끝납니다. 백성은 모압 여인들의 유혹에 빠져 바알브올을 섬기는 죄를 범하고, 미디안 여인들과의 음행으로 하나님의 진노를 삽니다. 그러나 제사장 비느하스의 중재로 하나님의 진노는 멈추고, 그렇게 첫 세대의 역사는 끝이 납니다. 26장부터는 새로운 세대가 등장합니다. 하나님은 다시 인구조사를 명하시고, 약속의 땅에 들어갈 준비를 시키십니다. 슬로브핫의 딸들을 통해 유업 상속의 기준이 정립되고, 모세는 하나님의 지시에 따라 여호수아를 후계자로 세웁니다. 이어서 하나님은 정기적인 제사와 절기 규례를 간략하게 다시 말씀하시며, 하나님 앞에서 한 말, 특히 서원에는 반드시 지켜야 하는 책임이 따른다고 강조하십니다.

묵상 노트

6일차

민수기 31-36장

오디오 바이블

약속의 땅 문 앞까지 이끄시는 하나님

마침내 정복 전쟁이 시작됩니다. 먼저, 광야에서 이스라엘을 공격해 하나님의 진노를 산 미디안이 하나님께 심판을 받습니다. 이어 르우벤과 갓 지파는 요단강 동쪽 땅에 정착하기를 원하고, 모세는 그들의 이기심을 책망합니다. 두 지파는 정복 전쟁에 끝까지 참여하겠다고 약속하며 허락을 받습니다. 인구가 많았던 므낫세 지파 절반도 함께 동편에 정착합니다. 하나님은 지파별로 땅을 분배하게 하시고, 레위인은 따로 땅을 기업으로 받지 않고 모든 지파에 흩어져서 거주하게 하십니다. 또한 도피성을 마련해서 실수로 사람을 죽인 이들이 피할 수 있는 길을 여십니다. 마지막으로, 슬로브핫 딸들의 유업 보장은 하나님의 약속이 얼마나 세밀하고 신실하게 이루어지는지를 보여 줍니다. 민수기는 끊임없는 불순종과 실패에도 끝까지 언약 백성을 인도하시고, 마침내 약속의 땅 문 앞까지 이끄시는 하나님 은혜의 여정을 그리며 마무리됩니다.

묵상 노트

소그룹

나눔

이번 한 주간 성경을 통독하면서, 기억에 남는 말씀을 나누어 봅시다.

적용

1. 혹시 자기도 모르게 불평과 원망을 습관처럼 계속 되뇌지는 않나요? 말과 태도에서 드러나는 자기 마음 상태를 돌아보며, 하나님 앞에서 자신의 신앙을 점검해 봅시다.

2. 이스라엘은 계속 하나님을 원망하지만, 하나님은 발람 같은 이방 선지자를 통해서까지 그들을 축복하십니다. 이 같은 하나님의 인내와 은혜가 지금 내게 소망을 주고 있나요? 그 소망을 구체적으로 나눠 봅시다.

3. 우리 공동체를 이끄는 리더들이 지치지 않고 하나님 뜻 안에서 사역을 잘 감당하도록 함께 기도합시다. 어떤 내용으로 기도하고 격려할 수 있을까요?

기도

서로의 기도 제목을 나누며 함께 기도합니다.

DEUTERONOMY

신명기

QR 코드를 찍으면 '신명기' 리딩지저스 영상으로 바로 연결됩니다

신명기

신명기는 모세오경의 마지막 책입니다. 새로운 세대가 약속의 땅을 눈앞에 둔 시점에서, 모세는 그들에게 마지막 설교를 전합니다. 이들은 출애굽을 경험한 첫 세대와 달리 시내산 언약을 직접 듣지 못했기 때문에, 모세는 하나님의 말씀을 다시 선포하여 그들을 언약 백성으로 준비시킵니다.

그래서 신명기의 구조는 세 편의 설교로 이뤄져 있습니다. 첫째, 과거를 돌아보며 하나님의 은혜와 인도하심을 기억하게 하고(1-4장), 둘째, 십계명을 중심으로 하나님의 말씀을 삶 속에 새기도록 하며(5-26장), 셋째, 축복과 저주의 경고를 통해 말씀에 순종할 것을 촉구합니다(27-30장). 이어지는 마지막 부분에서는 모세가 여호수아에게 리더십을 넘기고 백성을 축복하고는 하나님의 부르심을 따라 생을 마칩니다(31-34장).

신명기는 단순히 율법을 반복하는 책이 아닙니다. 광야에서 나고 자란 세대가 가나안에 들어가 하나님 백성으로 살아가려면 하나님 말씀으로 삶을 재정비할 필요가 있었습니다. 모세는 하나님의 구원 역사를 다시 들려주면서, 하나님 은혜를 잊지 말고 언약에 순종하며 살라고 권면했습니다.

하지만 우리는 이들이 결국 실패할 것을 압니다. 그래서 하나님은 "네 하나님 여호와께서 네 마음과 네 자손의 마음에 할례를 베푸사…너로 생명을 얻게 하실 것"이라고 약속하셨습니다(신명기 30:6). 이 약속의 말씀은 예수 그리스도를 통해 성령으로 우리 마음을 새롭게 하심으로 성취되었습니다. 모든 율법에 자발적으로 순종하신, 하나님 아들이신 예수님 안에서 우리는 마음을 다하고 뜻을 다하여 하나님을 사랑하며 살 수 있게 되었습니다.

이번 주 신명기를 통독하면서 하나님의 율법이 은혜의 선물임을 묵상하고, 약속의 땅을 앞둔 이스라엘처럼 예수 그리스도 안에서 믿음과 순종으로 다시 응답하는 시간이 되기를 소망합니다.

이번 주 성경읽기

1일차 신명기 1-6장

2일차 신명기 7-12장

3일차 신명기 13-18장

4일차 신명기 19-24장

5일차 신명기 25-29장

6일차 신명기 30-34장

1일차

신명기 1-6장

오디오 바이블

언약을 기억하라, 하나님을 사랑하라

모세는 약속의 땅에 들어가기 직전, 광야에서 나고 자란 새로운 세대에게 세 편의 마지막 설교를 전합니다. 첫 번째 설교는 출애굽 이후의 여정을 되돌아보며, 가나안 정탐 사건과 이스라엘의 불순종을 상기시키며 시작합니다. 이어서 하나님의 인도와 은혜로 에돔, 모압, 암몬을 피한 일과 바산 왕 옥을 물리친 후에 요단 동쪽 땅을 분배한 사건을 되새깁니다. 그러고는 여호수아를 후계자로 세우고, 부디 율법을 지키고 우상을 멀리하라고 권면하며 첫 번째 설교를 마무리합니다. 두 번째 설교는 십계명의 재선포로 시작합니다. 모세는 시내산에서 맺은 하나님의 언약이 조상들뿐 아니라 현 세대에게도 유효하다고 강조하며, 온 마음과 온 뜻을 다해 하나님을 사랑하고 자녀에게도 그 계명을 가르치라고 명령합니다. 그는 가나안 땅에 들어갈 이들에게 하나님의 구원과 언약을 기억하고, 그분께 순종함으로 언약 공동체로 살아가야 한다고 강조합니다.

묵상 노트

2일차

신명기 7-12장

오디오 바이블

하나님의 은혜이니 겸손하게 순종할 뿐

모세는 이어지는 두 번째 설교에서 이스라엘이 약속의 땅에 들어가기 전에 하나님 백성의 정체성을 분명히 해야 한다고 강조합니다. 그는 가나안 족속과 언약을 맺지 말고 그들을 철저히 제거하라는 명령과 함께, 하나님이 이스라엘을 다른 민족보다 수가 많아서가 아니라 사랑하셔서 택하셨음을 상기시킵니다. 40년 광야 여정은 하나님의 훈련이었으며, 풍요로운 땅에 들어가더라도 하나님을 잊지 말라고 경고합니다. 그 땅을 차지하는 것은 이스라엘의 의로움 때문이 아니라 전적으로 하나님의 은혜 때문임을 강조하며, 과거의 불순종을 기억하고 겸손히 하나님의 말씀에 순종하라고 권면합니다. 또한 하나님의 말씀을 마음에 새기고 자녀에게도 부지런히 가르치고, 순종은 복을, 불순종은 저주를 가져온다는 교훈을 전합니다. 하나님께 드리는 제사는 하나님이 지정한 장소에서만 드려야 하며, 우상숭배는 철저히 제거해야 한다고 강조합니다.

묵상 노트

3일차

신명기 13-18장

오디오 바이블

구별된 삶, 말씀을 따르는 공동체

모세는 하나님 백성인 이스라엘이 우상숭배의 유혹을 단호히 거절해야 한다고 강조합니다. 가까운 가족이라도 우상을 따르라고 유혹하면 용납하지 말라고 명령합니다. 이어서 정결한 음식 규정과 십일조 제도를 다시 확인하며, 가난한 자를 돕고 종을 풀어 주어 하나님 백성으로서 다르게 살아야 한다고 강조합니다. 유월절, 칠칠절, 초막절 같은 절기를 지키고, 재판관, 왕, 선지자 같은 지도자들도 정의롭고 겸손하게 다스려야 한다고 당부합니다. 마지막으로 하나님은 이스라엘에게 주변 민족들처럼 점술과 무당을 따르지 말라고 명령하시고, 모세 같은 선지자를 세워 주겠다고 약속하십니다. 그 선지자의 입에 하나님 말씀을 두겠다고 하시며, 그의 말을 들으라고 명령하십니다. 신약성경은 그 약속이 예수 그리스도 안에서 궁극적으로 성취되었음을 증언합니다(마태복음 17:5; 사도행전 7:37).

묵상 노트

4일차

신명기 19-24장

오디오 바이블

일상 속 하나님 나라

모세는 이스라엘 공동체가 일상에서 실천해야 할 사회적 규칙, 즉 '시민법'에 해당하는 구체적인 지침을 설교합니다. 그는 이스라엘이 하나님 백성으로서 공동체 안에서 정의롭고 거룩하게 살기 위해 따라야 하는 원칙을 제시합니다. 살인을 피하기 위한 도피성 제도, 공정한 재판과 증언의 원칙, 거짓 증인에 대한 엄격한 처벌이 포함되며, 전쟁 시 제사장의 역할과 전쟁 포로의 처리에 관한 규정도 함께 다룹니다. 가정의 질서를 위한 조항과 함께, 이웃의 소유 보호, 성 윤리, 남녀 구별, 진영의 정결, 서원과 이자, 품삯과 담보, 고아와 과부에 대한 배려 등 사회 전반에 걸친 규범도 빠짐없이 언급합니다. 이런 모든 규범은 하나님의 말씀에 순종하며 공동체 안에서 공의와 자비를 실천하는 삶, 곧 하나님 백성으로서 구별된 삶을 영위하는 데 필요한 구체적인 지침이었습니다.

묵상 노트

5일차

신명기 25-29장

오디오 바이블

복과 저주 앞에 선 언약 백성

모세는 율법의 세부 규정을 마무리하며, 이스라엘에게 하나님 말씀을 모두 지켜 행하라고 강하게 당부합니다. 공정한 벌과 공정한 저울 사용 등에 관한 명령을 전한 후, 첫 열매와 십일조 예식을 통해 하나님께 감사하고 언약을 새롭게 하는 예식을 설명합니다. 이어 모세는 에발산에서 복과 저주의 말씀을 새기고, 백성들을 그리심산과 에발산에 나뉘어 서게 하고는 "아멘"으로 화답하게 함으로 언약을 공개적으로 재확인합니다. 그는 하나님 말씀에 순종하는 자에게는 복이, 불순종하는 자에게는 저주가 따를 것이라고 분명하게 선언합니다. 이후 모세의 마지막 설교가 시작되며, 이스라엘에게 하나님과의 언약을 신실하게 지키라고 촉구합니다. 그는 광야에서 태어난 새로운 세대에게도 조상들처럼 불순종하는 본성이 있음을 경고하며, 하나님을 신뢰하고 순종하며 따르라고 권면합니다.

묵상 노트

6일차

신명기 30-34장

오디오 바이블

회복의 약속과 모세의 마지막 노래

모세는 마지막 설교에서, 이스라엘이 불순종으로 흩어질지라도 하나님께 돌아오면 회복하시겠다는 그분의 약속을 전합니다. 그는 순종이 생명을, 불순종이 죽음을 부른다고 강조하며, 생명, 곧 순종을 택하라고 강조합니다. 또 하나님이 그들과 그 자손의 마음에 할례를 베푸셔서 그분을 사랑하게 하실 것이라는 큰 은혜의 약속도 전합니다. 모세는 여호수아를 새로운 지도자로 세우고, 율법서를 제사장들과 장로들에게 맡기며, 하나님께서 앞으로도 그들과 함께 하실 것이라고 말합니다. 모세는 한 편의 노래로 하나님의 신실하심, 이스라엘의 반역, 회복의 소망을 전하며, 평생의 사역을 마무리합니다. 신명기의 마지막은 아브라함과 맺은 언약에 신실하게 응답하신 하나님의 은혜와, 그 은혜에 순종으로 응답해야 하는 이스라엘의 부르심으로 끝이 납니다.

묵상 노트

소그룹

나눔

이번 한 주간 성경을 통독하면서, 기억에 남는 말씀을 나누어 봅시다.

적용

1. 하나님 말씀을 듣고 겉으로 표현하지는 않더라도 마음이 닫히고 완고해질 때가 있습니다. 최근에 내 신앙이 형식적인가 하고 느꼈던 순간이 있는지 돌아봅시다.

2. 신명기는 하나님 말씀에 순종하여 생명의 복을 선택하라고 계속 강조하지만, 이스라엘은 실패하고 맙니다. 이스라엘처럼 목이 곧은 우리를 위해 예수님이 사망과 저주의 길을 대신 걸으셨다는 사실이 어떻게 다가오나요? 당신에게 어떤 위로와 소망을 주나요?

3. 하나님은 마음에 직접 할례를 행하겠다고 약속하십니다(신명기 30:6). 스스로 변화하지 못하는 우리 마음을 포기하지 않으시고 성령으로 새롭게 하십니다. 지금 자신의 태도나 관계 등에서 하나님이 마음을 새롭게 하여 바꾸기를 바라시는 모습이 있을까요?

기도

서로의 기도 제목을 나누며 함께 기도합니다.

JOSHUA

여호수아

QR 코드를 찍으면 '여호수아' 리딩지저스 영상으로 바로 연결됩니다

여호수아

여호수아서는 약속의 땅에 관한 책입니다. 그리고 아브라함과 이스라엘에게 그 땅을 주겠다고 하신 약속을 하나님이 일차적으로 성취하시는 이야기입니다. 40년 광야 생활을 마친 이스라엘 백성이 마침내 가나안 땅 앞에 도착합니다. 그러나 그 땅에는 이미 강대한 가나안 족속들이 살고 있었고, 이스라엘은 하나님 말씀에 순종하며 전쟁을 감수해야 했습니다. 하나님은 여호수아에게 "강하고 담대하라"라고 명하시며, 자신이 함께할 것이며 율법에 순종할 때 형통하게 하겠다고 약속하십니다.

여호수아는 하나님의 인도하심을 따라 그 땅에 살고 있던 족속들을 몰아내고, 전쟁을 승리로 이끕니다. 여리고성 함락, 태양이 멈추는 사건 등은 가나안 땅의 전쟁이 사람이 아니라 하나님의 전쟁임을 분명히 보여 줍니다. 모세는 약속의 땅을 바라보며 죽음을 맞이했지만, 여호수아는 그 땅을 실제로 밟고 유업으로 받은 땅에서 안식을 누립니다. "여호와께서 그들의 주위에 안식을 주셨으되 그 조상들에게 맹세하신 대로 하였으므로…여호와께서 이스라엘 족속에게 말씀하신 선한 말씀이 하나도 남음이 없이 다 응하였더라"(여호수아 21:44-45).

그러나 여호수아 시대에 가나안 땅에서 누린 안식은 완전하지 않았습니다. 이스라엘의 불순종으로 다시 잃어버릴 수도 있었고, 이후 사사기와 열왕기까지를 미루어 볼 때, 그들의 미래는 결코 희망적이지 않았습니다. 이는 영원한 나라의 유업과 안식을 주실 분 메시아를 소망하게 합니다.

이번 주 여호수아를 통독하면서 자신의 백성에게 말씀하신 바를 반드시 이루시는 하나님의 신실하심을 묵상하고, 그분의 약속 안에서 어떤 믿음과 순종의 삶을 살아갈지 깊이 묵상하는 시간이 되기를 소망합니다.

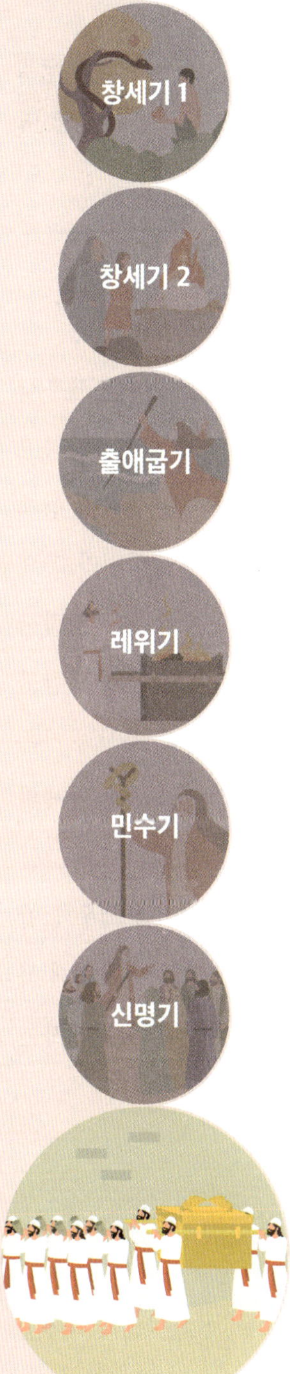

이번 주 성경읽기

1일차 여호수아 1-4장

2일차 여호수아 5-8장

3일차 여호수아 9-12장

4일차 여호수아 13-16장

5일차 여호수아 17-20장

6일차 여호수아 21-24장

1일차

여호수아 1-4장

오디오 바이블

강하고 담대하라, 약속은 이어진다

하나님은 모세의 뒤를 이을 새로운 지도자로 여호수아를 세우시고, "강하고 담대하라"는 명령과 함께 하나님의 율법에 순종하라고 말씀하십니다. 여호수아는 요단강 동쪽에 정착한 지파들에게 형제들이 땅을 차지하고 안식을 누리도록 정복 전쟁에 동참하라고 요청하고, 동쪽 땅 지파들도 기꺼이 따릅니다. 여호수아는 두 정탐꾼을 여리고에 보내고, 라합은 여호와를 경외하는 믿음으로 정탐꾼을 숨겨 주고 무사히 돌아가게 합니다. 이로써 라합은 자신과 가족의 구원을 약속받습니다. 이후 이스라엘 백성은 언약궤를 앞세워 요단강을 마른 땅처럼 건너는 기적을 경험합니다. 하나님은 그들에게 요단강에서 돌 열두 개를 취해서 길갈에 기념비를 세우게 합니다. 갈라진 홍해를 건넜듯이 요단강을 건넌 은혜를 잊지 않게 하십니다. 이 사건은 하나님의 언약과 은혜가 가나안 땅에 들어가는 새 세대에게도 신실하게 이어지고 있음을 보여 줍니다.

묵상 노트

2일차

여호수아 5-8장

오디오 바이블

순종으로 무너진 성, 언약 백성의 회복

요단강을 건넌 이스라엘은 길갈에서 할례를 행하고 유월절을 지킵니다. 자신들이 언약 백성임을 기억하며 하나님 앞에서 스스로를 정결하게 합니다. 여호수아는 하나님의 군대 대장을 만나 그 앞에 엎드리며, 이 전쟁이 하나님의 전쟁임을 깨닫습니다. 이어서 이스라엘이 하나님의 지시대로 여리고성을 돌자 성이 무너집니다. 그 와중에도 라합 가족은 구원을 받습니다. 그러나 아간이 전리품을 몰래 취한 죄로 인해 아이성 전투에서 패배하고, 그 죄를 해결한 뒤에야 다시 승리를 얻습니다. 언약 백성의 승리는 뛰어난 전술이나 무기가 아니라 하나님 말씀에 순종하는지에 달려 있음을 잘 보여 줍니다. 이스라엘은 아이성을 정복한 후 모세가 명령한 대로(신명기 27:4-8) 에발산에서 제단을 쌓고 율법을 낭독하고 하나님께 예배를 드립니다.

묵상 노트

3일차

여호수아 9-12장

오디오 바이블

속임과 실수, 여전히 인도하시는 하나님

여리고성과 아이성을 정복한 후에 이스라엘은 기브온 사람들과 조우합니다. 그들은 먼 곳에서 온 것처럼 가장하여 화친을 요청했고, 여호수아는 하나님께 묻지 않은 채 조약을 맺습니다. 그러나 곧 그들이 근처에 사는 사람들임이 드러나고, 그 소식을 들은 가나안 남부의 다섯 왕이 기브온을 배신자로 여기며 공격해 옵니다. 여호수아는 기브온을 돕기 위해 출정하고, 그와 함께하신 하나님이 태양을 멈추는 기적까지 베푸시며 승리를 주십니다. 이어 이스라엘은 가나안 북부까지 진격하여 전역을 정복하고, 전쟁이 어느 정도 마무리됩니다. 여호수아는 하나님께서 모세에게 명하신 대로 그 땅을 지파별로 분배하고, 남은 정복은 각 지파가 이어서 수행하도록 합니다.

묵상 노트

4일차

여호수아 13-16장

오디오 바이블

믿음으로 기업을 받아 누리는 백성

여호수아 13장부터는 가나안 땅의 분배가 본격적으로 시작되며, 하나님께서 각 지파에게 약속하신 유업이 구체적으로 어떻게 실현되는지를 보여 줍니다. 분배 과정을 통해 야곱과 모세가 각 지파에게 남긴 축복이 역사 속에서 어떻게 성취되는지가 드러납니다. 하나님은 여호수아에게 미정복지라도 미리 분배하라고 명령하십니다. 갈렙은 하나님의 언약을 끝까지 신뢰하여, 헤브론 땅을 요청하고, 결국 그 땅을 정복합니다. 이어지는 본문은 유다 지파의 땅 분배와 경계를 구체적으로 기록하며, 요셉 자손 중 에브라임 지파가 기업으로 받은 땅을 소개합니다. 각 지파가 유업을 받아들이는 과정에서 드러나는 믿음과 태도를 통해, 이스라엘 공동체의 영적 상태와 하나님의 약속에 대한 그들의 반응을 살펴볼 수 있습니다.

묵상 노트

5일차

여호수아 17-20장

오디오 바이블

하나님 중심, 실로에 성막이 세워지다

요셉 지파를 포함한 나머지 지파에게 땅이 분배됩니다. 요셉 지파 중 하나인 므낫세 지파가 땅을 분배받는 중에 더 넓은 땅을 요구합니다. 여호수아는 그들에게 스스로 산지를 개척하여 가나안 족속을 쫓아내라고 도전합니다. 하나님의 약속이 현실이 되려면 믿음과 행동이 필요함을 일깨워 줍니다. 이어서 실로에 성막이 세워지고 하나님 중심 공동체의 뿌리가 자리를 잡습니다. 아직 분배받지 못한 일곱 지파에게는 땅을 정탐하게 하고, 제비를 뽑아 그들의 기업을 할당합니다. 나머지 지파의 분배가 완료되고, 여호수아 자신도 마지막으로 기업을 받음으로써 땅 분배가 마무리됩니다. 마지막으로 민수기에서 모세를 통해 명령하신 도피성이 세워집니다.

묵상 노트

6일차

여호수아 21-24장

오디오 바이블

하나님만 섬기리라, 언약의 결단

하나님을 섬기는 레위 지파는 땅을 분배받지 않고, 이스라엘 각 지파에게서 성읍 48곳을 받아서 흩어져 거주합니다. 정복이 마무리되자 요단강 동쪽 지파들은 자신들의 땅으로 돌아가 따로 제단을 쌓습니다. 다른 지파들이 이를 우상숭배로 오해하고 전쟁을 준비하지만, 제사장 엘르아살의 아들 비느하스를 중심으로 중재가 이루어지고 결국 오해가 풀리며 화해합니다. 여호수아는 세겜에서 온 백성과 함께 하나님만 섬기기로 언약을 맺고, 율례와 법도를 제정합니다. 여호수아와 엘르아살의 죽음 이후에도, 하나님이 이스라엘을 위해 하신 모든 일을 아는 자들이 살아 있는 동안에 여호와를 섬겼다고 기록합니다. 또한 창세기 마지막에 요셉이 남긴 유언에 따라, 애굽에서 가져온 그의 뼈도 세겜에 장사합니다. 마지막으로 아론의 아들 대제사장 엘르아살의 죽음을 기록하며 여호수아서는 막을 내립니다.

묵상 노트

소그룹

나눔

이번 한 주간 성경을 통독하면서, 기억에 남는 말씀을 나누어 봅시다.

적용

1. 전쟁처럼 중요한 결정을 앞두고 자기 생각이나 경험만을 의지한 적은 없나요? 하나님 말씀보다 자기 직관을 앞세운 경험이 있는지 돌아봅시다.

2. 라합은 믿음으로 멸망을 피했을 뿐 아니라 예수님의 족보에 오릅니다(마태복음 1:5). 죄인과 이방인도 포기하지 않으셨던 하나님의 구원 계획은 결국 우리에게까지 이르렀습니다. 그로 인해 당신에게 찾아온 확신과 평안은 무엇인가요?

3. 이스라엘은 약속대로 땅을 분배받고 그곳에서 안식을 누립니다. 우리도 예수님 안에서 약속된 영원한 기업과 안식을 받을 것입니다. 그 믿음이 우리 삶의 우선순위에 어떤 영향을 미칠까요?

기도

서로의 기도 제목을 나누며 함께 기도합니다.

"또 이르시되
내가 너희와 함께 있을 때에 너희에게 말한 바
곧 모세의 율법과 선지자의 글과 시편에
나를 가리켜 기록된 모든 것이
이루어져야 하리라 한 말이 이것이라 하시고
이에 그들의 마음을 열어 성경을 깨닫게 하시고"

누가복음 24장 44-45절

WESTMINSTER
THEOLOGICAL SEMINARY
EST. 1929

Korean Master of Arts in Theological Studies

한국어 신학연구 석사과정

소개

웨스트민스터 신학교의 한국어 신학연구 석사과정(KMATS)은 성경의 진리를 삶과 일터, 사역의 현장 등 삶의 모든 영역에 적용할 수 있도록 돕는 목회자, 선교사, 평신도 모두를 위한 프로그램입니다.

특징

1. 세계적 명성의 웨스트민스터 교수진
2. 원하는 시간과 장소에서 학습 가능
3. 100% 온라인 전 세계 어디서나 강의 수강
4. 아이비리그 대학에서 사용하는 플랫폼

교육과정

- **12** 과목 이수
- **10** 1학기 10주
- **4** 1년 4학기
- **1.5** 1.5 - 3년 소요

졸업 요건 : 12과목 이수 + 졸업 총괄평가

졸업 총괄평가는 졸업 시험, 소논문, 현장 적용 연구 중 하나를 선택하여 수행할 수 있습니다.

교수진

피터 릴백

이안 더귀드

번 포이트레스

데이비드 가너

윌리엄 에드가

브랜든 크로우

조나단 깁슨

싱클레어 퍼거슨

리처드 개핀

과목

필수 과목

구약성경과 그리스도 이안 더귀드, 조나단 깁슨, 번 포이트레스

신약성경과 그리스도 브랜든 크로우, 리처드 개핀, 번 포이트레스 (초청 강사: 데이비드 브리오네스)

성경 해석 원리 번 포이트레스

조직신학 개론 데이비드 가너

교회사 개론 피터 릴백

변증학 개론 윌리엄 에드가 (초청 강사: 다니엘 맥브라이드, 밥 크래머)

신론: 하나님을 아는 지식 싱클레어 퍼거슨

구원론: 그리스도와의 연합 싱클레어 퍼거슨

구약성경 적용 이안 더귀드

신약성경 적용 브랜든 크로우

선택 과목 (3과목 중 택2)

기독교와 문화 윌리엄 에드가 (초청 강사: 팀 켈러)

과학과 신앙 번 포이트레스

예배를 위한 성경신학 이안 더귀드

문의

www.wts.edu/kmats

kmats@wts.edu

+1 215-572-3852 (미국) 02-2289-9081 (한국)

카카오톡에서 "KMATS"을 검색하여 문의

프로그램 페이지

WESTMINSTER
THEOLOGICAL SEMINARY
EST. 1929

Korean Theological Studies Certificates

한국어 신학연구 수료과정

소개

한국어 신학연구 수료과정은 전체 학위 과정을 이수하지 않고 웨스트민스터 신학교 교육과정의 핵심이 되는 네 과목만을 선택하여 신학적 기초와 적용의 토대를 다질 수 있는 프로그램입니다.

대상

□ 성경에 기반한 개혁신학을 공부하고 싶은 **교회 중직자** 또는 **평신도**
□ 주일학교 사역자가 없는 교회에서 사역자에 준하는 역할을 감당하고 있는 **평신도 직분자**
□ 성경과 신앙을 기초로 교육하는 기독교 학교 및 대안학교 **교사**
□ 기독교 세계관을 일터에 적용하고자 하는 **전문직 종사자** 또는 **크리스천 사업가**
□ 해외 선교지 현장에서 신학 훈련이 필요한 **평신도 선교사**
□ 신학적 토대를 다지고 싶은 목회자 **사모**

교육과정

4	100	10	1
과목 이수	100% 온라인	1과목 10주	6개월 - 1년 소요

트랙 1 Foundations of Theology Certificate (FTC)

웨스트민스터 신학입문 수료과정

웨스트민스터 신학교의 교육 이념과 신학적 핵심을 배우는 개론 과목으로 구성되어 있는 프로그램입니다. 성경의 통일된 메시지를 이해하고 복음과 신앙, 일, 문화 등을 성경적 세계관으로 바라볼 수 있도록 합니다.

과목

1	2	3	4
구약성경과 그리스도	신약성경과 그리스도	변증학 개론	조직신학 개론

트랙 2 Christ-centered Biblical Interpretation (CBI)

그리스도 중심 성경해석 수료과정

성경의 중심 메시지가 예수 그리스도라는 확신 가운데 성경을 그리스도 중심으로 읽고 가르치며, 삶과 사역의 다양한 영역에 적용하고자 하는 분들을 위한 프로그램입니다. 이 과정을 통해 성경의 진리를 깊이 있게 연결하는 원리를 배우게 될 것입니다.

과목

1	2	3	4
구약성경과 그리스도	신약성경과 그리스도	성경해석의 원리	구약성경 적용 신약성경 적용 2과목 중 택1

학생 후기

"수업에 일 년 정도 참여한 사람으로서 가장 좋았던 점은 매 학기 교수님들의 강의가 모두 한 방향을 갖고 있다는 점입니다. 그 방향은 성경 안에서 그리스도를 바라봐야 한다는 것입니다. 개혁주의 신앙 체계 안에서 바른 신학을 가르쳐 주셔서 감사합니다." (조직신학개론 수강 학생)

프로그램 페이지

리딩지저스

1권
창세기-여호수아

2권
사사기-에스더

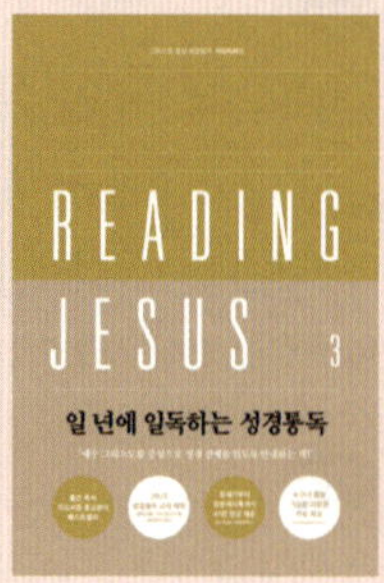

3권
욥기-아가

4권
이사야-말라기

5권
마태복음-로마서

6권
고린도전서-요한계시록

리딩지저스
성경통독
라이트

1권
창세기-여호수아

2권
사사기-에스더

3권
욥기-아가

4권
이사야-말라기

5권
마태복음-로마서

6권
고린도전서-요한계시록